17 Mai 1901

COLLECTION DEFER DUMESNIL

ESTAMPES

MAI 1891

Me BOUDIN	M. A. DANLOS
Commissaire-Priseur	Marchand d'Estampes
102, RUE RICHELIEU, 102	15, QUAI VOLTAIRE, 15

annoté d'après l'exemplaire de Danlos

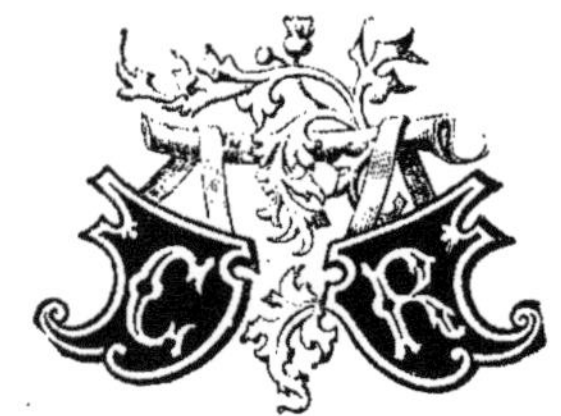

COLLECTION DEFER-DUMESNIL

ESTAMPES

CONDITIONS DE LA VENTE

Elle sera faite au comptant.

Les acquéreurs payeront dix pour cent en sus des enchères.

M. Danlos se réserve la faculté de rassembler ou de diviser les lots.

MM. les Amateurs pourront visiter la Collection, 15, quai Voltaire, du lundi 13 au mercredi 15 mai.

ORDRE DES VACATIONS

Vendredi. 17 Mai	. . . .	Nos 1 à 251
Samedi. . 18 —	. . . .	— 252 à la fin.

CATALOGUE

DES

ESTAMPES

ANCIENNES ET MODERNES

DE TOUTES LES ÉCOLES

ŒUVRES

D'ANT. DE BRESSE, BURGMAIR, CAMPAGNOLA
DURER, MAITRE B. M., MANTEGNA, MOCETTO, REMBRANDT
BAUDOUIN, CALLOT, DAGOTY, DREVET, EDELINCK, GREUZE, LAWREINCE
MASSON, MOREAU, NANTEUIL, SAINT-AUBIN, WATTEAU

COMPOSANT LA

Collection DEFER-DUMESNIL

DONT LA VENTE AUX ENCHÈRES PUBLIQUES AURA LIEU

Hôtel des Commissaires-Priseurs, rue Drouot, N° 9

SALLE N° 10

A DEUX HEURES TRÈS PRÉCISES

Les Vendredi 17 et Samedi 18 Mai 1901

Par le ministère de Me **BOUDIN**, commissaire-priseur

RUE RICHELIEU, 102

Assisté de **M. A. DANLOS**, marchand d'estampes

QUAI VOLTAIRE, 15

DÉSIGNATION

ALDEGREVER (H.)

1. Annibal et Scipion (B. 71). 60 D

Superbe épreuve du 1er état : avant la mention, année 1538, entre le chiffre du Maître et le nom d'Annibal. Excessivement rare.

2. Frise représentant quatorze enfants dansant en rond au son du violon et de la trompette (252). 48

Superbe épreuve légèrement épidermée.

ALLEMANDS (PETITS MAITRES).

3. Quarante-quatre pièces, intéressantes comme costumes, réunies en un vol. in-8, v. f. 200 Rahir

Aldegrever (H.). Les grands Danseurs de noces, suite de 12 estampes (B. 160-171).
Copie d'une pièce de la suite précédente (nº 2 de la suite).
Sophonisbé (62), 2 pièces.
L'histoire d'Ammon et Thamar, suite de sept estampes (22-28).
Petit Danseur de noce (151).

Solis (V.). Différents sujets (256-258), 3 pièces.

Pentcz (G.). Dalila coupant les cheveux à Samson (28).
La Musique (114).

Béham (H. S.). Noce de village (166, 167, 169, 170, 172 et 173), 6 pièces.
Marche des nouveaux Mariés (179, 181, 184), 3 pièces.

Leyde (L.). La Promenade (144).

Hausnias (J.). Armoiries, 6 pièces.

ALKEN (D'après H.).

4. *Racing, from New Market heath. — Stag Hounds. — Stag hunting.* Trois pièces gravées par Clarke. 65 D par R.

Anciennes et très belles épreuves en couleur.

ALTDORFER (A.).

5. L'homme armé de toutes pièces (B. 50).

Très belle épreuve.

AMMAN (J.).

6. G. de Coligny, duc de Châtillon, amiral de France, dans un ovale entouré d'ornements et de figures allégoriques; au bas, dans un cartouche, la scène de sa mort (B. 17). In-fol.

Belle épreuve.

ANONYME.

7. Lavater, vu de profil et dirigé vers la droite, dans un médaillon ovale In-fol.

Très belle épreuve avant toutes lettres.

ANSELIN (J. L.).

8. Madame la Marquise de Pompadour (la Belle Jardinière), d'après C. Vanloo. In-4°.

Superbe épreuve avant la lettre, elle a une grande marge et est très fraîche. Très rare de cette qualité.

ARDELL (Marc.).

9. H. Froment, seconde femme de Rubens, en pied, d'après Rubens. Pet. in-fol.

Superbe et rare épreuve avant toutes lettres.

ASSEN (J. W. van).

10. La Flagellation, pièce, de forme ronde, gravée sur bois (B. 6).

Très belle epreuve. Doublée.

AUBRY (D'après Et.).

11. Les Adieux de la Nourrice, par R. de Launay.

Très belle épreuve avant la dédicace.

AUDRAN (B.).

12. François de Salignac de la Motte-Fénelon, archevêque de Cambrai, d'après Vivien. In-fol.

Très belle épreuve. Grande marge.

BALDINI (B.).

13. Vignette du second chant de l'*Enfer*, du Dante, pour l'édition de Florence 1481 (B. 38).

Belle épreuve avec le texte au verso.

BALÉCHOU (J.-J.).

14. Henry, comte de Brülh, d'après L. de Sylvestre. In-fol.

Très belle et rare épreuve du 2e état : avant que la tête ait été changée et que des drapeaux aient été ajoutés, dans les armes, derrière les deux léopards.

15. Charles Coypel, d'après Lépicié. In-fol°.

Très belle épreuve.

16. J. de Julienne, célèbre amateur, d'après de Troy. In-fol.

Très belle épreuve.

17. Mademoiselle Loiserolle, sœur de Mme Aved, tenant un rouet sur ses genoux, d'après Aved. In-fol.

Superbe épreuve avant toutes lettres et avant quelques légers travaux. Très rare.

BARBARY (J.). Le Maitre au Caducée.

18. L'Ange gardien (B. 9).

Belle épreuve, les coins sont rapportés.

BARROCHE (F.).

19. L'Annonciation (B. 1). — Saint François dans la chapelle (4). Deux pièces.

Très belles épreuves.

BARTOLOZZI (F.).

20. Bonaparte, d'après Appiani. In-fol.

Très belle épreuve.

21. Frédéric II, roi de Prusse, d'après Ramberg. In-fol.

Très belle épreuve tirée en bistre.

22. Marie-Stuart et son fils, d'après F. Zucchero. In-fol.

Très belle épreuve avant la lettre.

23. *The Right Honorable Lord Fitzgibbon. — The Marquis of Lansdown. — The Right Honorable William Pitt.* Trois portraits in-8 et in-4, gravés d'après Cosway, Gainsborough et Copley.

Superbes épreuves lettres grises, tirées en bistre.

BAUDET.

24. « Divers ornements de Raphaël peints aux embrasures des fenètres du Vatican. » Suite de dix pièces.

Très belles épreuves. Rares.

BAUDOUIN (D'après P. A.).

25. Le Coucher de la Mariée, gravé à l'eau-forte par Moreau, et terminé au burin par Simonet (E. B. 16).

Très belle épreuve.

26. *Jusques dans la moindre chose...*, par L. J. Masquelier (27).

Superbe épreuve d'un état, non décrit, intermédiaire entre le deuxième et le troisième : elle est avec la tablette ombrée et les noms des artistes, mais sans aucune inscription sur la tablette. Très rare.

27. Le Lever, par Massard (29).

Superbe et très rare épreuve avant la lettre. Sans marge.

BÉATRIZET (N.).

28. Henri II, roi de France (R. D. 40).

Très belle épreuve du 1er état : avant que la tête du roi, laquelle est vue de profil et tournée vers la gauche, ait été totalement changée et soit vue de trois quarts et dirigée vers la droite. Rare.

BEAUVARLET (J. F.).

29. Edme Bouchardon, sculpteur, d'après Drouais. In-fol.

Très belle et rare épreuve avant toutes lettres.

30. Madame la comtesse Du Barry, en costume de chasse, d'après Drouais. Petit in-fol.

Superbe épreuve, avant toutes lettres, ayant la marge droite couverte de salissures de burin. Excessivement rare de cet état et de cette qualité.

BECCAFUMI (D.).

31. Les Vendangeurs (B. 5.) — Études d'hommes nus, l'un debout, l'autre couché. Deux pièces, la seconde est non décrite.

Très belles épreuves.

BECKET et VERKOLYE.

32. *Elisabeth, countess of Northumberland.* — *Madame Pearson.* Deux portraits in-fol. gravés à la manière noire, d'après Sir P. Lely.

Très belles épreuves.

BÉHAM (B.).

33. Portrait de l'Empereur Ferdinand Ier (B. 64).

Superbe épreuve du 2e état : avec le monogramme du Maître, mais avant l'adresse de J. Ab. Heyden et avant la retouche.

BÉHAM (H. S.).

34. Adam et Ève (B. 6).

Superbe épreuve du 1er état : avant que le fond ait été couvert d'une troisième et d'une quatrième tailles. Très rare.

BELLA (Et. Della).

35. La Perspective du Pont-Neuf de Paris, pièce capitale du Maître.

Très belle épreuve du 1er état : avant la girouette sur le clocher de Saint-Germain-l'Auxerrois, à la droite de l'estampe. Rare.

BENWELL (D'après J. H.).

36. *Saint James Beauty*, par Clavareau.

Très belle épreuve.

BÉRAIN (Cl.).

37. Panneau arabesque.

Très belle épreuve d'une eau-forte très rare.

BÉRAIN (D'après J.).

38. Panneau, arabesques, ouvrages de serrurerie. Cinq pièces.

Très belles épreuves.

BERGHEM (N.).

39. L'Homme monté sur l'âne (B. 5).

Très belle épreuve du 2e état : avant la totalité des travaux sur le ciel. Tachée et manquant de fraîcheur.

39 *bis*. Les cinq sujets d'animaux en hauteur (8-12).

Très belles épreuves avant l'adresse de de Witt sur la première pièce, les numéros 1 et 5 de la suite sont avant les numéros.

BERNARD (L.).

40. Vauban, Maréchal de France ; pièce in-4, gravée à la manière noire.

Très belle et rare épreuve avant toutes lettres. Marge.

BLOOTELING (A.).

41. Egbert Meesz Kortenaer, amiral hollandais, d'après Vander Helst. In-fol.

Très belle épreuve.

42. Peter Schout, chanoine d'Utrecht, à cheval, d'après Nestcher. In-fol.

Très belle épreuve, tachée.

43. J. de Witt, Grand Pensionnaire de Hollande gravé, à la manière noire, d'après J. de Banck. In-fol.

Superbe épreuve.

BOLSWERT (S. a.).

44. Le Couronnement d'épines, d'après A. Van Dyck.

Très belle épreuve du 1er état : avant les contre-tailles au vêtement et à la jambe gauche du deuxième soldat qui est debout, à droite.

45. Le Christ en croix; au côté droit est saint Dominique, à ses pieds sainte Catherine de Sienne, d'après Van Dyck.

Superbe épreuve.

BOTH (J.) ET LAER (P. DE).

46. Les Cinq Sens, suite de cinq pièces (B. 11-15). — Différents chevaux (9-14). Ensemble dix pièces.

Très belles épreuves.

BOSSE (A.).

47. Cérémonie observée au contrat de mariage passé à Fontainebleau le 25 septembre 1645 entre Uladislas IV, roy de Pologne, et Louise-Marie de Gonzague, princesse de Mantoue et de Nevers (G. D. 1223).

Très belle épreuve.

48. Les Comédiens de l'Hôtel de Bourgogne (1628). 50 D pour De M.

Très belle épreuve.

BOUCHER (D'après F.).

49. La Belle Chinoise. — La Petite Sœur. — Le Repos champêtre. — Les Bergers à la fontaine. — Paysages. — Vue de Beauvais. Huit pièces gravées par Lalive de July et autres artistes. 19 Danlos pour D

Très belles épreuves.

50. L'Agréable Leçon, par Gaillard. 18

Très belle épreuve.

BOYVIN (R.).

51. La chaste Suzanne. (R. D. 3.) — La Nymphe de Fontainebleau (18). Deux pièces gravées d'après maître Rous. 19 D. pour G. + 40 Gosselin

Très belles épreuves, la première pièce est du 1er état.

52. Henri II, roi de France, in-4 (105). 20 G. Mayer

Très belle épreuve.

BOUYS ET SARRABAT.

53. St. Gantrel, graveur. — Boudan, imprimeur. — F. de Troy, peintre. Trois portraits in-fol. gravés à la manière noire. 20 Keffel

Très belles épreuves.

BRAMBILLA (A.).

54. Conclave dans la chapelle Sixtine. 5 D

Très belle épreuve.

BRESSE (J. ANTOINE DE).

55. La Danse des Enfants (B. 19). 100 D pour G.

Très belle épreuve, elle est tachée et légèrement épidermée au bas, à droite, à la place où est le monogramme du Maître, lequel ne se voit plus. Excessivement rare.

56. La Danse de quatre femmes, d'après Mantegna (20). 155 Masson

Superbe épreuve, quelques déchirures. Très rare.

57. La Flagellation. (Pass., Ve vol., no 29.) 50 D

Très belle épreuve, elle a quelques déchirures et est doublée. Excessivement rare.

BROOKSHAW (R.).

58. Marie-Antoinette, reine de France, vue à mi-corps, dans un ovale tronqué, en toilette de cour. Pièce in-fol. gravée à la manière noire.

Très belle épreuve avant la lettre. Rare.

BRUYN (N. DE).

59. Jacob Ier, roi d'Angleterre et d'Ecosse, La Reine Anne sa femme. Deux portraits en pied, en regard l'un de l'autre, sur la même feuille.

Très belle épreuve. Rare.

BRUYN (A. DE) ET HOGENBERG (F.).

60. Catherine de Médicis, reine de France. — Élisabeth d'Autriche, reine de France. Deux portraits en pied, petit in-fol.

Très belles épreuves, la seconde pièce a quelques restaurations.

BURGMAIR (H.).

61. L'Empereur Maximilien, à cheval, armé de toutes pièces. Pièce gravée sur bois (B. 32).

Superbe épreuve d'un tout 1er état non décrit par Bartsch : avec la date de 1508 sur la banderole. De la plus grande rareté.

CALLOT (J.).

62. La Tentation de saint Antoine (M. 139).

Très belle épreuve du 3e état : avant le trait échappé coupant à peu près perpendiculairement le nuage qui se trouve vers le haut de l'estampe, à gauche.

63. Cl. Deruet, peintre du Duc de Lorraine, et son fils (505).

Très belle épreuve du 2e état : avant que la cheminée et la face du petit pavillon, à gauche, soient teintées de tailles verticales.

64. Siège du fort de Saint-Martin dans l'ile de Ré. Suite de six planches (522).

Très belles épreuves.

65. Les Grandes Misères de la guerre. Suite de dix-huit planches (564-581).

Très belles épreuves du 2e état : avant que l'*excudit* d'Israel ait été enlevé ; elles sont très fraiches et ont de très grandes marges. Rares de cette qualité.

66. La Carrière ou rue Neuve de Nancy (621).

Superbe épreuve du 1er état : avant le nom d'Israel Silvestre dans la marge inférieure.

67. Parterre du jardin de Nancy (622).

Superbes épreuves du 1er état : avant l'adresse d'Israel.

68. Les Supplices (665).

Très belle épreuve du 2e état : La tour, la petite vierge et les lointains sont très apparents.

69. Les Bohémiens. Suite de quatre pièces (670).

Belles épreuves du 2e état.

70. La Noblesse. Suite de douze pièces (673-684).

Superbes épreuves du 1er état : avant le nom d'Israel sur le premier morceau.

71. La Chasse (711).

Très belle épreuve du 2e état : avant l'adresse d'Israel.

72. Vue du Pont-Neuf, de la Tour et de l'ancienne Porte de Nesles (714).

Superbe épreuve du 2e état : avant l'adresse d'Israel au milieu de la marge inférieure.

CAMPAGNOLA (J.).

73. Saint Jean-Baptiste (B. 2).

Très belle épreuve, elle est rognée de quatre centimètres dans le haut et d'environ un centimètre de chaque côté. Très rare.

CARMONTELLE (L. CAROGIS DE).

74. Le Duc d'Orléans assis, et le Duc de Chartres debout, derrière le fauteuil de son père, dans une salle de billard, 1759.

Très belle épreuve d'une très rare eau-forte du Maître.

CARRACHE (A.).

75. Ferdinand, Grand-Duc de Toscane. — Christine de Lorraine, sa femme. Deux portraits in-4 (B. 145 et 141).

Très belles épreuves.

76. Tiziano Vecellio, dit le Titien (155). In-fol. 1.

Très belle épreuve.

CARRACHE (An. et Aug.).

77. Suzanne (B. 1). — Le Christ de Caprarole (3). — La soucoupe (18). — Saint Jérôme (76). — Pan dompté par l'Amour, original et copie (116). — Mercure et les Grâces (117). — Loth et ses filles (127). — Vierge donnant le sein. — Saint François d'Assise, pièce non décrite. Ensemble dix pièces.

Très belles épreuves.

CASA (N. della).

78. Baccio Bandinelli, célèbre sculpteur florentin. In-fol. (R. D. 2).

Superbe épreuve du 1er état : avant l'adresse d'Ant. Lafreri. Rare.

79. Cosme de Médicis. In-fol. (4).

Très belle épreuve du 1er état : avant l'adresse d'Ant. Lafreri.

80. Henri II, roi de France. In-fol. (5).

Très belle épreuve, avec une petite marge. Très rare.

CHARDIN (D'après J. B. S.).

81. Son portrait, gravé par Chevillet d'après lui-même. Petit in-fol.

Superbe et rare épreuve avant toutes lettres.

82. Le Bénédicité (E. B. 5). — La Blanchisseuse (6). Deux pièces gravées par Lepicié et Cochin.

Très belles épreuves.

83. Les Tours de cartes, par P. L. Surugue, 1744 (51).

Très belle épreuve.

CHÉRON (E. S.).

84. Son portrait gravé à l'eau-forte par elle-même. In-8.

Très belle et rare épreuve avant toutes lettres.

CHOFFARD (P. P.).

85. Le Duc de Chartres, depuis Philippe Égalité, dans une grande composition en largeur, destinée à servir de Diplôme de Franc-maçonnerie, d'après Monnet.

Très belle épreuve.

CLAESSENS (L. A.).

86. La Femme hydropique, d'après le tableau de G. Dow, du Musée du Louvre. 41 D

Superbe épreuve dite d'artiste : avant toutes lettres, seulement les noms des artistes tracés à la pointe ; sur chine.

87. La Descente de croix, d'après le tableau de Rubens, de la Cathédrale d'Anvers. 52 D

Superbe épreuve lettres grises.

88. Bourgeoisie armée d'Amsterdam (La Ronde de nuit), d'après le tableau de Rembrandt.

Très belle épreuve lettres grises.

COOPER (R.).

89. Les Enfants de Charles Ier, d'après Van Dyck. } 20

Très belle épreuve.

COSSIN (L.).

90. Cassini, célèbre géographe. — F. Chauveau, de l'Académie Royale. Deux portraits in-4. 18 D pour B.

Très belles épreuves, la première pièce est avant la lettre.

COSWAY (D'après R. ET M.).

91. M. Cosway assise au pied d'un arbre, pièce in-4, éditée à Paris, chez Fatou. 100 D pour R.

Très belle épreuve imprimée en couleur.

92. R. Cosway, d'après lui-même, par Brown, pupille de Bartolozzi. In-4. 42

Très belle épreuve imprimée en couleur.

510 frs 93. *Mrs Fitzherbert*, par J. Condé. 510 Rapilly

Très belle épreuve.

94. Sir Sidney Smith, en prison au Temple, 1797, d'après Hennequin. 3

Belle épreuve. Tachée.

CRANACH (L.).

95. La Pénitence de saint Chrysostome (B. 1). 130 D pour H ?

Très belle épreuve.

45 D. pour Gal — 96. Un Tournoi, pièce gravée sur bois (126).

Très belle épreuve.

DAGOTY (GAUTHIER).

10 D. — 97. P. C. A. de Thubières, Comte de Caylus. In-4, gravé à la manière noire.

Très belle épreuve.

60 Raf — 98. Le Repos de la Sainte-Famille, d'après le Corrége.

Très belle épreuve imprimée en couleur. Très rare.

50 Raf — 99. Études de deux Amours, d'après le Corrège (?).

Très belle épreuve imprimée en couleur. Très rare.

DALEN (C. VAN).

30 Keppel — 100. L'Amiral Tromp, d'après S. D. Vlieger. In-fol.

Très belle épreuve.

72 D. pour W. C — 101. Arétin. — Boccace. — Giorgon del Castel Franco. Trois portraits in-fol., d'après le Titien.

Très belles épreuves avant la lettre.

DAULLÉ (J.).

65 Keppel — 102. Jean Mariette, graveur et libraire, d'après Ant. Pesne. In-fol. (Del. 43.)

Superbe épreuve avant toutes lettres. Rare.

21 Palm — 103. Cath. Mignard, comtesse de Feuquières, d'après Mignard (47).

Très belle épreuve avant l'adresse de l'auteur.

18 D pour W. C — 104. Mademoiselle Pélissier, de la Comédie-Française, d'après Drouais, In-fol. (57).

Très belle épreuve avec l'adresse de Jacob laquelle fut, plus tard, remplacée par celle de Basan. État non décrit.

DEBUCOURT (PH.).

42 Defaux-Dumesnil — 105. La Route de Poissy, d'après C. Vernet.

Très belle épreuve en couleur. Sans marge.

DELAUNE (Et.).

106. La Conversion de saint Paul (R. D. 63). La même composition par Kartarus (B. 17). — Frises (263 et 264). — Le Massacre des Innocents (298). Six pièces. 10 de Roissy

Très belles épreuves.

107. François, duc de Guise. In-8. 27 Grosjean

Très belle épreuve du premier état : avant la réduction de la planche.

DELFT (W. D.).

108. Cavalcade des Princes de la Maison de Nassau et d'Orange, d'après A. Van de Venne (F. 95). 45 D. pour B.

Très belle épreuve, une déchirure, à droite, entamant l'estampe.

DESNOYERS (Baron Boucher).

109. La Transfiguration, d'après Raphaël. 28

Très belle épreuve lettres grises.

110. La Madone de Saint-Sixte, d'après le tableau de Raphaël de la Galerie de Dresde. 32 D pour F.

Superbe épreuve avant la lettre, sur chine.

DEUTSCH (N. E.).

111. Une Vierge sage (B. vol. 10 : p. 468). 32 D pour Leg.

Très belle épreuve tirée en clair-obscur, elle est doublée. Très rare.

DIKINSON (W.).

112. Napoléon en pied, gravé à la manière noire d'après le Baron Gros. In-fol. 85 D pour L.M.

Très belle épreuve. Sans marge.

DIXON (J.).

113. *Henry, Duke of Buccleugh*, gravé à la manière noire d'après Gainsborough. In-fol. 60 D. pour L.M.

Très belle épreuve. Sans marge.

DOSSIER (M.).

114. A^me^ Varice de Vallière Neyret de la Ravoye, d'après H. Rigaud. In-fol.

Très belle et rare épreuve avant toutes lettres.

DREVET (P.).

115. Le Cardinal Dubois, d'après H. Rigaud (F. D. 15).

Très belle épreuve. Grande marge.

116. Boileau-Despréaux, d'après H. Rigaud. In-fol. (24).

Très belle épreuve.

117. Robert de Cotte, architecte, d'après H. Rigaud (34). In-fol.

Très belle et rare épreuve du 2e état : avant que le mot architecte ait été introduit dans l'inscription. Marge.

118. André Félibien, littérateur, d'après C. Lebrun. In-4 (46).

Très belle épreuve. Marge.

DREVET (P. I.).

119. J. Benigne Bossuet, évêque de Meaux, en pied, d'après H. Rigaud (F. D. 12). In-fol.

Très belle épreuve du 4e état : avant les points à la suite du nom de H. Rigaud ; piquée d'humidité.

120. Ch. J. Cisternay du Fay, Capitaine aux Gardes-Françaises et Bibliophile. In-8 (13).

Superbe et très rare épreuve du 2e état : avant toutes lettres mais avec les armes.

121. Élisabeth-Charlotte de Bavière, duchesse d'Orléans, surnommée la Palatine, d'après H. Rigaud (17). — Louis de Lavergne de Tressan, estampe dite le Petit Bréviaire (32). Deux pièces in-8.

Très belles épreuves.

122. Adrienne Lecouvreur, célèbre actrice, d'après Coypel (24). In-fol.

Très belle épreuve du 2e état : avec la faute au mot *modèle*, lequel est écrit *model*.

DUCHESNE (Catherine).

123. Mademoiselle Godon, élève de Santerre, gravé à la manière noire, d'après Santerre. Petit in-fol.

Très belle épreuve.

DUJARDIN (K.).

124. Le Mulet aux clochettes (B. 29). — Le bœuf debout et le veau couché (30). Deux pièces.

Très belles épreuves avant les numéros.

DUMOUSTIER (G.) et DUPÉRAC (Et.).

125. L'Assomption (R. D. 9). — Le Jugement de Pâris, d'après Raphaël (79). Deux pièces.

Très belles épreuves, la dernière pièce est avant l'adresse d'Orlandi.

DURER (A.).

126. Adam et Eve (B. 1).

Très belle épreuve du 2e état, une petite déchirure habilement réparée.

127. Quatre pièces de la suite de la Passion (12, 13, 14 et 15).

Très belles épreuves.

128. Jésus en prière au Jardin des Oliviers (19).

Belle épreuve avant les taches de rouille.

129. La Vierge allaitant l'enfant Jésus (34).

Très belle épreuve, légèrement restaurée.

130. La Vierge à la poire (41).

Belle épreuve.

131. La Famille du Satyre (59).

Très belle épreuve.

132. La Dame à cheval (82).

Très belle épreuve, le petit coin inferieur, à gauche, manque.

133. L'Assemblée des gens de guerre (88).

Belle épreuve.

134. Les Offres d'amour (92).

Très belle épreuve.

135. Les Armoiries à tête de mort (10).

Très belle épreuve. Petite marge.

136. La même estampe.

Très belle épreuve d'une ancienne copie.

137. Bilibad Pirkheimer (106).

Très belle épreuve.

138. Erasme de Rotterdam (107).

Très belle épreuve.

139. Le Crucifiement. Pièce gravée au trait (Pass. 109).

Très belle épreuve du 1er état : avant le monogramme du Maître, elle est tirée sur papier aux armes de la ville d'Amsterdam; un petit trou dans le haut, à gauche. Très rare.

140. L'Empereur Maximilien (153 des pièces gravées sur bois).

Belle épreuve, a été pliée et a quelques déchirures.

DU SART (C.).

141. Le Violon assis (B. 15).

Très belle épreuve avant les travaux faits au berceau; une déchirure entamant l'estampe.

DUVET (J.).

142. Jean Duvet, assis à une table occupé de l'étude du sens de l'Apocalypse (R. D. 27. Planche 1 de la suite).

Très belle épreuve.

143. Chasseur apportant un présent à un Roi; première planche de la suite de six sujets faisant allusion aux amours de Henri II et de Diane de Poitiers (R. D. 54).

Superbe épreuve.

DYCK (A. VAN).

144. Ph. Leroy, seigneur de Ravels (D. 6).

Très belle épreuve du 7e état : avant que les armes aient été complétées par l'addition d'un casque et d'un manteau.

145. G. de Vos (14).

Superbe épreuve du 2e état : avant la lettre, mais avec le fond.

146. Paul de Vos (15). 40

Superbe épreuve du 2e état : la planche terminée, mais avant les contre-tailles couvrant l'épaule droite du personnage et avant la seconde ligne de texte : elle est doublée. Colon J. Barnard.

147. Le Titien considérant sa maîtresse. — Le Christ au roseau. Deux pièces.

Belles épreuves.

V. DYCK (Par et d'après). 42

148. Suttermans. — W. Coeberger. — Vorsterman. Quatre pièces gravés par Van Dyck, Vorsterman et Wingaerde.

Très belles épreuves, le portrait de Coeberger est du 1er état.

EARLOM (R.).

455 fr. 149. Les Fleurs et les Fruits. Deux pièces gravées à la manière noire, d'après les tableaux de Van Huysum, actuellement à la Galerie de l'Hermitage à Saint-Pétersbourg. 455 Stoelin

Superbes épreuves avant la lettre, grandes marges. Rares.

150. Sir Thomas Chaloner gravé, à la manière noire, d'après A. Van Dyck. In-fol. 52

Très belle épreuve.

151 bis Walter Scott 82 D. pour K.

ÉCOLE ANGLAISE.

151. Guillaume III. — M. Pine. — Dobson. — R. Fielding. Quatre portraits in-4 et in-fol. gravés, à la manière noire, par M. Ardell, Beckett et Green. 45 D. pour L.M.

Très belles épreuves.

ÉCOLES ANGLAISE ET HOLLANDAISE.

152. The Deshabille. — Le Fumeur. — Le Buveur. — The Young Musicians. — La Leçon de musique. — Le Mauvais lieu. Douze pièces gravées, à la manière noire, par et d'après Metzu, Schalken, Terburg et Teniers. 42

Très belles épreuves.

ÉCOLE FLAMANDE.

153. La Flagellation. — Le Christ descendu de la croix. — Renaud et Armide. — Paysage. — Le Bal. — La Fricasseuse. — Por- 14

trait de Charles V. Sept pièces gravées par Van Caukerken, P. de Baillu, Vorsterman, Visscher et autres artistes.

Très belles épreuves.

ÉCOLE FRANÇAISE.

154. Portrait de la Princesse Troubetskoy. — Nicaise. — La lecture de la Bible. — Les Prémices de l'Amour-propre. — Suzanne au bain. Cinq pièces gravées d'après Lancret, Greuze, Gonzales et autres artistes.

Très belles épreuves.

155. La Jeune Mère. — Jupiter et Léda. — Le Tailleur pour femmes. — Amusement de la jeunesse. — Le Dénicheur de moineaux. — Dame Franque de Galata. — Nouvelle machine aristocratique. — Louis XVI au parlement. — Louis XVI tenant un lit de justice, etc. Vingt-quatre pièces par et d'après Cochin, Boissieu, Eisen, Liotard et autres artistes.

Très belles épreuves.

ÉCOLE HOLLANDAISE.

156. Les Vaches au bord de l'eau. — Les Muletiers. — Le Petit pont. — Le Charlatan. — Marines. Huit pièces gravées à l'eau-forte par J. Both, Ruisdael, Backhuizen et Dietricy.

Très belles épreuves.

157. La Jeune Cabaretière. — Moutons couchés. — Paysage. — Cheval attaché. — Les Marchands de poissons. Sept pièces gravées à l'eau-forte par Bega, Saft-Leven, Stoop et P. Bout.

Très belles épreuves, plusieurs de remarque.

158. Louis XIV. — P. Lely. — Moucheron. — Van Somer. — B. Picart. — Noteman. Six portraits in-fol. gravés, à la manière noire, par Aquila et Valck.

159. Gérard Dow. — Les Enfants de Rubens. — Le Bal. — La Marchande hollandaise. — La Cuisinière hollandaise. — Le Café hollandais, etc. Huit pièces par Visscher, Beauvarlet et Moitte.

Très belles épreuves.

ÉCOLE ITALIENNE.

160. Le Jugement de Pâris. — Clélie traversant le Tibre. — Scipion forçant le camp des Carthaginois. — Statues placées dans des niches. Neuf pièces gravées par Bonasone et les Ghisi.

Très belles épreuves.

161. L'Envie chassant les Muses. — Les fleuves consolant Pennée. — Psyché. — Clémence de Scipion. — Hercule et Nessus. — Vulcain et les Cyclopes, etc. Dix pièces gravées par le Maître au Dé, J.-B. Franco et E. Vico.

Très belles épreuves.

162. L'Annonciation. — La Mise au tombeau. — L'Ascension. — Saint Paul et le Lépreux. — L'Enlèvement d'Europe. — Gloire d'Anges, etc. Quinze pièces gravées, à l'eau-forte, par le Parmesan et Guido Reni.

Très belles épreuves.

163. Saint Antoine de Padoue. — L'Enfant Jésus et Saint Jean. — Le Repos de la Vierge. — Saint Antoine. — Jésus au jardin des Oliviers. — Saint Jérôme. — Saint François en extase. — Sainte Anne. — Fresques de la Coupole de Parme, etc. Vingt pièces gravées, à l'eau-forte, par Cantarini, E. Sirani, Carpioni, S. Rosa et autres maîtres.

Très belles épreuves.

164. Prophètes et Sibylles. — La Vierge au berceau. — La Vierge au sac. — L'Annonciation. — Le Christ en croix, etc. Vingt et une pièces gravées par Alberti, Caraglio et autres artistes, principalement d'après Michel-Ange et Raphaël.

Très belles épreuves.

165. Sujets de la Fable. — Sujets de l'Ancien et du Nouveau Testament. — Allégories religieuses. — Vues. Vingt-cinq pièces gravées par Alberti, Fialetti, Lanfranco et autres maîtres.

Très belles épreuves.

166. David et Goliath. — Le Lavement des pieds. — Les Noces de Cana. — La Barque de saint Pierre. — Un Prophète. — La Mort d'Ananie, etc. Dix-neuf pièces gravées, en clair-obscur, par U. da Carpi, A. Andreani, Zanetti et Jackson.

Très belles épreuves.

EDELINCK (G.)

167. Sainte Famille, d'après le tableau de Raphaël du Musée du Louvre (R. D. 4).

Belle épreuve du 2e état : avant les armes de l'abbé Colbert au milieu du bas de la composition.

168. Le Christ aux anges, d'après Ch. Le Brun. Grande estampe en deux feuilles (17).

Superbe épreuve du 2e état : avec le petit c dans le nom d'Edelinck, mais avant l'adresse de Drevet. Rare.

169. **Sainte Madeleine, d'après H. Rigaud (Portrait présumé de Mlle de La Vallière) (32).**

Superbe et très rare épreuve d'un état non décrit, intermédiaire entre le 2e et le 3e : elle est avec les vers dans la marge inférieure, mais l'estampe n'a pas encore été entourée d'une bordure.

170. **Ph. de Champagne d'après lui-même (164). In-fol.**

Très belle et rare épreuve du 2e état (le premier est unique) : avant le trait échappé sur le ciel et les feuilles, entre le tronc du petit arbre et le dos du personnage. Tachée d'humidité.

171. **Desjardins, sculpteur, d'après H. Rigaud (182). In-fol.**

Très belle épreuve du 2e état : avant l'adresse de Drevet.

172. **Ch. Lebrun, d'après lui-même (238). — H. Rigaud, d'après lui-même (303). Deux pièces in-fol.**

Très belles épreuves.

173. **L. Moreri (280). — Philippe V, roi d'Espagne, à cheval (295). — Israel Silvestre (319). Trois portraits petit in-fol.**

Très belles épreuves.

174. **J. Blanchard. — F. Chauveau. — J. de La Fontaine. — Cl. Mellan. — R. Nanteuil. — Ch. Perrault. Six portraits in-4 pour les Hommes illustres de Perrault.**

Très belles épreuves.

EDELINCK (N.).

175. **Mme de Rabutin-Chantal, marquise de Sévigné. In-18.**

Très belle épreuve. Rare.

EVERDINGEN (A.).

176. Le Pont de bois (B. 4). — Le Porcher (8). — La Chapelle (10). — Le Hameau sur la pente d'une montagne (17). — Le Hameau sur un terrain montueux (19). — La Cascade près du moulin à eau (102). Six pièces.

Belles épreuves.

FABER ET WHITE.

177. W. *Dobson*. — *J.-B. Monnoyer*. — *Reiseus*. — *M. Folkes*. — *G. Lambert*. — *E. Seeman*. Six portraits in-fol. gravés à la manière noire.

Très belles épreuves.

FAITHORNE (W.).

178. Marie, reine d'Angleterre et d'Écosse gravé, à la manière noire, d'après Vandervaart. In-fol.

Très belle épreuve.

FALCK (J.).

179. D. Hammerstein, général suédois, d'après D. Beck. In-fol.

Superbe épreuve.

FICQUET (Et.).

180. Jean de La Fontaine, d'après H. Rigaud (F. 61). In-18.

Très belle épreuve du 6e état : avant le nom de La Fontaine dans la tablette du haut et avant les noms des artistes. Rare.

181. Le même Personnage, portrait gravé pour les Contes (62). In-8.

Superbe et très rare épreuve du 2e état (le 1er est considéré comme unique) : avant l'encadrement et avant que, dans la tablette, le nom ait été enlevé. Marge.

182. Françoise d'Aubigné, marquise de Maintenon, d'après Mignard (93). In-8.

Très belle épreuve. Marge.

FIESINGER (J.-G.).

183. Bonaparte, d'après Guérin. In-fol.

Ancienne et très belle épreuve. Toute marge.

FIRENS (P.).

184. « Le Pourtraict de tres hault, très puissant et tres excellent Henri le Grand, par la grâce de Dieu roy de France et de Navarre..... qui trespassa en son palais du Louvre ce 14 may 1610. » In-fol.

Très belle épreuve ; rare. Marge.

FLAMEN (A.).

185. Livre d'oiseaux, suite de douze estampes (R. D. 402-413). — Différentes sortes de poissons, quinze pièces. — Vue de la ville de Corbeil. — Disposition de la milice de Paris. Ensemble vingt-neuf pièces.

Très belles épreuves, la plupart sont avant les numéros.

FONTAINEBLEAU (École de).

186. Cléopâtre. — Diane se reposant de la chasse. — Vulcain et les Cyclopes. — La Chute des Géants. — Hector soutenant l'effort des Grecs. — Sujets de bataille. — Dessin de coupe. Huit pièces gravées la plupart par L. Davent, C. Bosch et Fantuzzi.

Très belles épreuves.

FORNAZERIS (J. de).

187. Charles-Emmanuel, duc de Savoie, à cheval et caracolant; le fond offre la vue d'une longue cavalcade allant de Chambéry à Turin (R. D. 55). In-fol.

Très belle épreuve. Rare.

188. Anne d'Autriche, reine de France. In-8.

Très belle épreuve du 1er état : avant le texte au verso.

FRAGONARD (H.).

189. L'Armoire (De B. 1).

Superbe épreuve avant toutes lettres.

FRAGONARD (D'après H.).

190. Portrait du Maitre. — Mlle Fanfan. Deux pièces gravées, à l'eau-forte, par Carpentier et Mlle Gérard.

Très belles épreuves. Sans marges.

FREUDEBERG (D'après S.).

191. Le petit jour, par N. de Launay.

Très belle épreuve.

FLYNT (Paul).

192. Cartouche représentant un ours dans un paysage.

Très belle épreuve.

GAULTIER (L.).

193. Henri de Lorraine, Duc de Guise (le Balafré) 1580. In-8.

Très belle épreuve. Très rare.

194. Henri III. — Henri IV. — Michel de l'Hôpital. — Antoine de Lestang. — Cardinal Du Perron. — Ronsard. Six portraits in-8.

Très belles épreuves.

195. Henri IV, Gabrielle d'Estrées, César de Bourbon, duc de Vendôme, Cath.-Henriette de Bourbon et plusieurs seigneurs de la cour réunis dans une même salle. Petit in-fol. en largeur.

Belle épreuve. Rare.

GAYWOOD (R.).

196. Portrait de Gutenberg, inventeur de l'Imprimerie. In-4.

Très belle épreuve. Rare.

GELÉE (Cl.) dit le Lorrain.

197. Le Bouvier (R. D. 8).

Très belle épreuve du 3e état : avec le chiffre 4, mais avant que le petit oiseau, qui se voit à côté de la touffe inférieure la plus à droite du bois, ait été couvert par des travaux.

198. La Danse au bord de l'eau (6).

Belle épreuve.

199. La Danse sous les arbres (10).

Très belle épreuve du 2e état : avec les angles aigus.

200. Le Soleil couchant (15).

Très belle et très rare épreuve du 3e état : avant le numéro 11 dans la marge de gauche, elle a quelques taches et a été pliée par le milieu.

201. Le Passage du Gué (3). — Berger et bergère conversant (21). — L'Enlèvement d'Europe (22). — Les deux Paysages (40). Quatre pièces.

Très belles épreuves.

GELÉE (D'après Cl.).

202. Vue du Port de Messine. — Sacrifice au Temple d'Apollon. — Repos de la Sainte Famille en Égypte. — Troupeau en marche, etc. Sept pièces gravées par Le Bas, Lerpinière, Mason et Canot.

Très belles épreuves, six pièces sont avant la lettre.

GÉRARD (D'après Mlle).

203. Le Triomphe de Minette, par Vidal.

Très belle épreuve avant la dédicace.

GHISI (LES).

204. La Victoire (B. 34).

Superbe épreuve.

205. Les angles de la Chapelle Sixtine au Vatican, d'après Michel-Ange. Suite de six pièces (17-22).

Très belles épreuves.

206. La Résurrection. — Marius dans sa prison. — Vénus dans la forge de Vulcain, etc. Cinq pièces.

Très belles épreuves.

GOYA (F.).

207. Don Baltasar Carlos, Infant d'Espagne. — Don Gaspar de Guzman, comte d'Olivares. Deux portraits équestres gravés, à l'eau-forte, d'après Velasquez.

Belles épreuves. Marges.

GILLOT (CL.).

208. Fêtes du Dieu Pan, — de Bacchus, — de Diane, — de Faune, suite de quatre pièces gravées par le Maître.

Superbes et rares épreuves avant les vers. Grandes marges.

GOLE (J.).

209. Daniel Marot, d'après Plate Montagne. In-8.

Superbe épreuve. Rare.

GOLTZIUS (H.).

210. Henri IV roi de France et de Navarre (D. 173). In-fol.

Très belle épreuve du 3e état : avec l'adresse de H. Adolfz, mais avant que celle de P. de la Houve biffée ait été enlevée.

211. J. Boll (161). — Forestus (169). — Ph. Galle (170). — Homme à mi-corps (204). — Homme en buste (207). — Cath. Decker (210). Six portraits in-4 et in-8.

Très belles épreuves.

212. Hercule tuant Cacus (231).

Très belle épreuve en clair-obscur de trois couleurs.

GOLTZIUS (C.).

213. Maurice de Nassau, prince d'Orange, en buste, vu de face, tête nue et couvert de son armure sur laquelle retombe un large col; en haut, à gauche, ses armoiries. In-8.

Très belle épreuve. Très rare.

GRANTHOMME (J.).

214. Catherine de Médicis. — Charles IX. — La Reine Élisabeth. — Le Duc d'Anjou. Quatre portraits in-8.

Belles épreuves.

GRATELOUP (J.-B.).

215. Descartes, d'après Hals. In-8.

Très belle épreuve.

GREBBER (P. DE).

216. L'Homme de douleurs.

Il est représenté assis, vu de trois quarts à droite, la tête de profil; dans le fond, à gauche, un bourreau tient entre ses mains le manteau dont il vient de le découvrir; sur le terrain, vers le milieu de l'estampe et répété deux fois, le monogramme du maître.

Superbe épreuve d'une estampe très rare. Non décrite.

GREEN (V.).

217. John Boydell. — L'Adoration des bergers. Deux pièces gravées à la manière noire, d'après Boydell et Murillo.

Très belles épreuves, la dernière pièce est avant la lettre.

GREUZE (J.-B.).

218. Tête de jeune femme (De B. 2).

Très belle épreuve de l'une des deux seules pièces qu'ait gravées le maître; elle à une très grande marge et est excessivement rare.

GREUZE (D'apres J.-B.).

219. La Philosophie endormie. (Portrait de Mme Greuze), gravé à l'eau-forte par Moreau le jeune et terminé au burin par Aliamet (E. B. 251).

Superbe épreuve avant toutes lettres, dans un état d'eau-forte assez avancé, dans cet état le corsage est complètement boutonné jusqu'au menton et laisse entrevoir la chemise : elle est très fraîche et a une bonne marge. Excessivement rare.

220. La bonne mère, par Cl. D. Jardinier.

Très belle épreuve avant la lettre.

221. La Cruche cassée, par J. Massard.

Très belle épreuve portant au verso les signatures de Greuze et de Massard, la tablette est barrée de traits à l'encre.

222. La petite fille au chien, par Porporati.

Très belle épreuve. Marge.

223. La Paix du ménage. — La bonne éducation. Deux pièces, faisant pendants, gravées à l'eau-forte par Moreau et terminées au burin par Ingouf.

Très belles épreuves.

GRUN (H.-B.).

224. Saint Sébastien, pièce gravée sur bois (B. 37).

Très belle épreuve.

HABERT.

225. François de Salignac de la Mothe-Fénelon, archevêque de Cambrai. In-4.

Très belle épreuve ayant au verso une annotation à la mine de plomb, de la main du roi Louis-Philippe. Rare.

HALS (D'après F.).

226. René Descartes, par un maître anonyme hollandais. In-fol.

Très belle épreuve.

HISTORIQUES (Pièces).

227. La Mercuriale tenue aux Augustins, à Paris, le 18 de juin 1559. — Le Tournoy où le Roy Henri II fut blessé à mort, le dernier de juin 1559. — La mort du Roy Henry deuxième aux Tournelles à Paris, le 10 juillet 1559. — L'assemblée des trois estatz tenus à Orléans, au mois de janvier 1561. Quatre pièces gravées sur bois et sur fer par Tortorel et Périssin.

Très belles épreuves.

228. Le Portraict de très hault, très puissant, très excellent prince Henry le Grand, par la grâce de Dieu, Roy de France et de Navarre, très Chrestien, très Auguste, très Victorieux et In-

comparable en magnanimité et clémence, qui trespassa en son Palais du Louvre le vendredi 14 may 1610. *F. Quesnel pinx, J. Briot fecit. Avec privilège du Roy.* Planche accompagnée d'une légende en français. *A Paris, chez N. de Mathonière, rue Mont-Orgueil, à la corne de Daim*, 1610 (R. D. 125).

Très belle épreuve en parfait état de conservation, moins une petite partie de la bordure, dans le haut à gauche, qui a été rapportée. Très rare.

229. L'Olympe des Français où sont représentez au naturel, le Roy, la Royne et les Enfants de France. *L. Gaultier sculpsit* 1607, *avec privilège du Roy. N. de Mathonière exc.* Planche accompagnée d'une légende en français. *A Paris, chez N. de Mathonière, rue Mont-Orgueil, à la corne de Daim*, 1608, *avec privilège du Roy.*

Très belle épreuve en parfait état de conservation. Très rare.

230. Le sacre du Roy Louys treziesme faict à Reims le dimanche 17 octobre 1618. Gravure anonyme, d'après F. Quesnel.

Très belle épreuve. Rare.

231. L'audience donnée par le Roy aux ambassadeurs du Roi de Siam le 1er septembre 1686, par De Larmessin. Partie supérieure d'un almanach pour cette même année.

Superbe épreuve avant la lettre, l'inscription est manuscrite.

HOGARTH (D'après W.).

232. Le Mariage à la mode. Suite de six planches, gravées par Baron, Ravenet et Scotin.

Très belles épreuves.

HOLLAR (W.).

233. Le Calice, d'après Mantegna (P. 2643) plus une épreuve de la copie, tirée en rouge. Deux pièces.

Très belles épreuves.

234. Vue de la cathédrale de Strasbourg. — Plan de Londres. — Le Lièvre mort. Trois pièces.

Très belles épreuves, la dernière pièce a quelques restaurations.

235. Dessin d'une coupe.

Très belle épreuve.

236. Anne de Cleves, d'après Holbein (1344). In-4.

Superbe épreuve.

237. Hans de Zurich, orfèvre, d'après Holbein. In-8 (1411).

Superbe épreuve.

238. A. Durer. — Portrait du père de Durer. — Hollar. — Holbein. — Wyngaerde. — Sainte Catherine. Six pièces.

Belles épreuves.

HOOGHE (R. DE).

239. Charles II roi d'Espagne descendant de son carrosse pour rendre hommage au Saint-Sacrement.

Très belle épreuve.

HOPFER (D.).

240. Frontispice d'architecture dans le goût d'un arc triomphal (B. 25).

Très belle épreuve avant le numéro.

LE PRINCE (D'après J.-B.).

241. Portrait de Le Prince dessinant, médaillon ovale, enguirlandé de fleurs, reposant sur une tablette décorée des attributs de la peinture.

Très belle épreuve tirée en bistre.

INGOUF ET MULLER.

242 Jean G. Wille, deux portraits différents gravés d'après Greuze et Wille fils.

Très belles épreuves.

INGRES (J.-D.).

243. Gabriel Cortois de Pressigny, archevêque de Rennes, ambassadeur de France, à Rome en 1816.

Très belle épreuve de cette superbe eau-forte, la seule qu'ait gravée le maître, elle est avant toutes lettres, seulement le nom de *J. D. Ingres fecit Romæ*, tracé à la pointe sous le trait carré à gauche ; elle est très fraîche et a une grande marge. Très rare.

G. ISAAC ET J. PICART.

244. Louis XIII, roi de France. Deux portraits équestres in-fol.

Très belles épreuves.

ISABEY (D'après).

245. Mme Dugazon, par Monsaldy. In-4°.

Superbe épreuve imprimée en couleur, elle porte le cachet d'Isabey.

JANINET (F.).

246. La Tabagie Hollandaise. — Intérieur Hollandais. Deux pièces d'après A. Van Ostade.

Très belles épreuves imprimées en couleur, la dernière pièce est avant la lettre.

JEAURAT (D'après Et.).

247. La place des Halles. — La place Maubert. Deux pièces, faisant pendants, gravées par Aliamet.

Très belles épreuves.

JORDAENS (Par et d'après).

248. Mercure et Io. — Saint Martin de Tours. — Le Martyre de sainte Apolline. Quatre pièces gravées par Jordaens, P. de Jode et Marinus.

Très belles épreuves.

KEATING (G.).

249. *The Right Honorable the Earl of Derby*, d'après Gainsborough. In-fol.

Très belle épreuve.

KIP (J.).

250. Vue panoramique d'Amsterdam. Grande estampe en deux feuilles, dont les figures nous paraissent avoir été gravées par R. de Hooghe. On lit au bas de la droite du second morceau : *Nobiliss Ampliss Prudentiss D^re^ Consulib Orb. Amstelodamens Hanc Celeberrimi empori Tabulum qua potest officiosissimè D. D. D.* J. Kip.

Très belle épreuve. Très rare.

KRUG (L.).

251. L'Homme de douleurs, debout (B. 6).

Belle épreuve.

LAFAGE (N.).

252. François de Vaudosme, duc de Beaufort, à cheval ; au fond un choc de cavalerie. Petit in-fol.

Très belle épreuve d'un portrait très rare. Non décrit.

LARMESSIN (N. DE).

253. Philippe, Duc d'Orléans. In-fol.

Très belle épreuve, grande marge. Rare.

LASINIO.

254. « Portrait d'Édouard Dagoty, inventeur de la gravure en côleurs, né à Paris, l'an 1745, mort à Florèce le 8 maj 1783. »

Superbe épreuve, imprimée en couleur, d'une très belle estampe bien certainement de Dagoty malgré qu'elle soit signée Lasinio ; elle a une petite marge et est de la plus grande fraîcheur. Excessivement rare de cette qualité et dans cette condition.

LAWRENCE (D'après Sir TH.).

255. *Elisabeth, Countess Grosvenor*, par S. Cousins. In-fol.

Très belle épreuve.

256. *Nature*, d'après E. Dow.

Très belle épreuve.

LAVREINCE (D'après N.).

257. La Consolation de l'absence, par N. de Launay (E. B. 14).

Superbe épreuve.

258. Le Roman dangereux, par Helman (56).

Superbe épreuve à l'état d'eau-forte, elle a une bonne marge et est très fraîche. Excessivement rare de cette qualité.

LE CLERC (S.).

259. Le puer parvulus, ou le passage d'Isaïe (J. 245).

Superbe épreuve du 1er état : avant toutes lettres et avant de nombreux changements dans l'estampe. Très rare.

LEMPEREUR (L.).

260. Ch. Watelet, de l'Académie Française. — Marguerite Le Comte, de l'Académie de Peinture, sa maîtresse. Deux portraits. In-4, faisant pendants, gravés d'après Watelet et C. N. Cochin. 29 D pour W. G.

Superbes épreuves avant la pagination. Grandes marges.

LE PAUTRE (J.).

261. Portrait d'Ant. Le Pautre. In-4 en travers. 15

Très belle épreuve avant les inscriptions. Rare.

LETELLIER (C. F.).

262. Anne Vallayer Coster, de l'Académie Royale de peinture et de sculpture, d'après elle-même. In-4. 37 D pour H.?

Très belle épreuve. Marge.

LEU (Th. de).

263. Gabrielle d'Estrées, marquise de Monceaux. (R. D. 366). In-8. 72 D pour F.

Superbe épreuve.

264. Francois de Valois, en buste, vu de face et tête nue, dans une bordure ovale sur laquelle on lit : *Franciscus, Valisius. Hen. III. R. F. F.;* au bas, à gauche *T. de Leu fecit; à droite, J. Rabel excu.* Pièce in-8 non décrite. 10 D

Très belle épreuve. Excessivement rare.

265. Pierre de Gondy, archevêque de Paris. — Jean Luillier, prevot des Marchands. — Titre des : Edicts et ordonnances des Roys, etc. Trois pièces. 17 D +3 (pour Gal.?)

Très belles épreuves.

LEYDE (L. de).

266. Le Retour de l'Enfant prodigue (B. 78). 300 Rapilly

Très belle épreuve, légèrement épidermée.

267. La Laitière (156). 280 D

Très belle épreuve.

268. Adam et Ève (3). Salomon adorant les idoles (30). — Un homme et une femme assis dans une campagne (148). Trois pièces. 20 Grosjean

Belles épreuves.

LIVENS (J.).

269. Le Docteur Eph. Bonus. In-f°.

Très belle épreuve avec l'adresse de Cl. de Jonghe.

LONGHI (J. C.).

270. La Madeleine dans le désert, d'après le tableau du Corrège de la Galerie de Dresde.

Superbe épreuve dite d'artiste : avant toutes lettres seulement les mots : *Correggio pin* et *J^{os} Longhi sc* tracés à la pointe sous le trait carré. Très rare.

LOUYS ET VAN SOMPEL.

271. Louis XIII, roi de France. — Gaston d'Orléans, son frère. Deux portraits in-f°, d'après Rubens et Van Dyck.

Très belles épreuves avant les numéros.

LUTMA (J.).

272. J. Lutma, père et fils, orfèvres. Deux portraits grand in-4°, le dernier est gravé au maillet.

Très belles épreuves.

MAITRE B. B. (Bartsch, vol. 15.)

273. Le Satyre et la Nymphe.

Très belle épreuve. Rare.

MAITRE B. M.

(ÉCOLE DE M. SCHONGAUER.)

274. Le Jugement de Salomon (B. 1. Pas. 1).

Superbe épreuve du 1er état : avec un petit nuage, dans le haut à gauche, qui fut effacé par la suite ; elle est doublée, est légèrement restaurée et a quelques retouches au pinceau. Excessivement rare.

MAITRE C. B.

275. Charles V et Ferdinand son frère (B. 3).

Très belle épreuve avant le numéro.

MAITRE de 1551.

276. Dessin de vase richement orné. 230 Rapilly

Très belle épreuve.

MAITRE (G. D.).

276 *bis*. La cène, gravé d'après L. de Vinci, avec de nombreuses variantes, notamment dans les fonds qui sont tout différents; on lit au bas, sur une banderolle : *surtout il n'est q. d'endurer;* le monogramme est inscrit sur un écusson que tient un petit Amour. 116 Masson

Très belle épreuve. Excessivement rare.

MAITRE (P. VH.).

277. Portrait de Pierre Vander Hulst, assis devant un chevalet sur lequel est posé un tableau, médaillon ovale in-4. 5 D

Très belle épreuve d'une eau-forte, attribuée à l'artiste lui-même. Rare.

MAITRE ANONYME ALLEMAND (XVe siècle).

278. La Sainte Vierge debout, ayant entre ses bras l'enfant Jésus qui tient une fleur de la main droite; au bas, dans la marge, en caractères gothiques : *Wolfangus aurifaber*. (B. vol. 10, page 16, N° 13.) 22

Épreuve et contre-épreuve d'une plaque retrouvée à Augsbourg, à la fin du XVIIIe siècle.

MAITRE ANONYME ALLEMAND (XVIe siècle).

279. Manches de couteaux. Quatre pièces, dont trois sont fort rares; la quatrième est gravée par Th. de Bry. 125 D pan Gal.

Très belles épreuves.

MAITRES ANONYMES ITALIENS (XVe siècle).

280. L'homme de douleurs : Le Christ est représenté en buste, dans une bordure ornementée; la tête vue de trois quarts, couronnée d'épines et entourée d'une nimbe crucifère est dirigée vers la gauche. 100 Masson

Hauteur : 0.182, largeur 0.140.
Très belle épreuve dans un parfait état de conservation. Non décrite.

281. La Vierge, tenant l'enfant Jésus entre ses bras, assise sur un trône entre sainte Catherine et saint François. 12

Épreuve d'une plaque retrouvée postérieurement.

MAITRE ANONYME ITALIEN (xvie siècle).

282. Plafond de la salle des signes du Zodiaque au Vatican ; on lit au bas de l'estampe l'inscription suivante : *avla Pontificum in vaticano. M. L. cum privilegio.*

Très belle épreuve. Très rare.

283. L. Ariosto. — Sannazaro. Deux portraits in-4.

Superbes épreuves avant toutes inscriptions. Très rares.

284. Charles V, à mi-corps, tenant son épée à la main. Pièce in-fol. gravée sur bois.

Très belle épreuve.

MANTEGNA (A.).

285. La Sépulture (B. 3).

Belle épreuve, le coin supérieur gauche et l'inférieur, à droite, ont été rapportés.

286. La Vierge dans la grotte (9).

Très belle épreuve, elle est découpée en cintre et rognée dans la partie supérieure d'environ quatre centimètres, dont un centimètre dans la partie gravée, et de quatre centimètres sur le côté droit. Excessivement rare.

287. Bacchanale à la cuve (19).

Belle épreuve. Restaurée.

288. La même estampe.

Très belle épreuve d'une copie par un vieux maître italien, peut-être Z. Andréa ou J. de Bresse ? Non décrite.

289. Bacchanale au Silène (20).

Très curieuse épreuve tirée au verso d'un : « *Almanach pour l'an bissexte mil cinq cens quatre vingts douze, composé par M. Humbert de Billy, excellent astrologue.* »

290. La même estampe.

Très belle épreuve de la copie, dans le même sens, gravée par un vieux maître Italien.

MARTINI (P. A.).

291. Coup d'œil exact de l'arrangement des peintures au salon du Louvre en 1785. — Exposition au salon du Louvre en 1787. Deux pièces.

Très belles épreuves.

MASSON (Ant.).

292. Son portrait, d'après Mignard (R. D. 1). In-f°. 20 Rapilly

Très belle épreuve.

293. Marin Cureau de la Chambre, médecin ordinaire du Roi et membre de l'Académie Française, d'après P. Mignard. (24) In-f°. 36 D

Superbe et rare épreuve du 1er état : avant les contre-tailles sur la joue gauche du personnage. Marge.

294. Marie de Lorraine, duchesse de Guise, d'après P. Mignard. (32) In-f°. 28 D

Très belle épreuve du 3e état : avant le mot Roma et une figure de lapin, à la suite du mot *pinxit*.

295. Henri de Lorraine, comte d'Harcourt, grand écuyer de France. Estampe connue sous le nom du Cadet à la perle. (34) In-f°. 150 Keffel

Très belle épreuve du 3e état : avant le trait échappé sur le fond, près des cheveux, au sommet de la tête.

MASSON (Mne).

296. Blaise Pascal. — La Mère Angélique Arnaud. Deux portraits in-4. 14

Très belles épreuves.

MATHAM (J.).

297. Maximilien de Béthune, duc de Sully (B. 25). In-f°. 55 D pour Leg.

Très belle épreuve.

MAZOT (excudit).

298. Olivier Cromwell, à cheval ; au fond, la perspective de la ville de Londres. Grand in-f°. 50 D pour Bar.

Très belle épreuve. Rare.

MECKEN (Is. van).

299. Le Grand-Prêtre refusant l'offrande de Joachim (B. 30). 40 D

Belle épreuve ; elle est tachée et la marge inférieure, où sont les inscriptions, manque.

300. L'Adoration des Rois (36). 300

Très belle épreuve : la marge inférieure, où se trouve le monogramme du maître, manque.

MELLAN (Cl.).

301. Tête de Christ. — Saint Pierre Nolasque. Deux pièces.

Très belles épreuves.

MERCURY (M.).

302. Les Moissonneurs dans les Marais Pontins, d'après L. Robert.

Superbe épreuve sur chine, dite d'artiste : avant toutes lettres, seulement les mots, *P. Mercury dis e inc in Parigi 1831*, tracés à la pointe sous le trait carré, à droite.

MIELE (J.).

303. Le siège de Maestricht, par le duc de Parme, 1579. — La prise de la ville de Maestricht. — La prise de la ville de Bonn par le Prince de Chimay, en 1588. Trois pièces gravées à l'eau-forte (B. 4-6).

Très belles épreuves.

MOCETTO (G.).

304. Judith (B. 1).

Très belle épreuve, elle est doublée, a quelques légères restaurations et est rognée d'un centimètre à droite et de deux centimètres à gauche. Excessivement rare.

MONTAGNA (B.).

305. La Vierge à mi-corps avec l'enfant Jésus (Pass. n° 7).

Belle épreuve avant la tablette.

306. La Vierge dans un paysage (B. 8).

Belle épreuve. Doublée.

MONTAGNE (N. de Platte).

307. François Ier, roi de France (R. D., 235). — Habert de Montmaur, maître des requêtes (24). Deux portraits in-fol.

Très belles épreuves.

MOREAU (Par et d'après J. M.).

308. Ouverture des États-Généraux à Versailles, le 5 mai 1789. — Constitution de l'Assemblée Nationale et Serment des

Députés qui la composent à Versailles, le 17 juin 1789. Deux pièces faisant pendants (E. B. 204 et 205).

Très belles épreuves, la première pièce est avec la liste des députés, la seconde est à l'état d'eau-forte.

309. Exemple d'humanité donné par Madame la Dauphine, par Godefroy (244).

Très belle épreuve.

310. Vue du portail de l'église cathédrale d'Orléans, d'après Trouard; viguette frontispice du *Breviarium Aurelianense*, etc., de M. de Jarente (854).

Très belle épreuve du 2ᵉ état : avant les inscriptions sur la tablette.

311. Les délices de la Maternité, par Helman (1354).

Très rare épreuve à l'état d'eau-forte pure, elle est très fraiche et a une bonne marge.

312. La Partie de whist, par Dambrun (1365).

Très belle épreuve avant la lettre, une partie de la marge du bas manque.

MOREAU D'après L. S.

313. Le Villageois entreprenant, par Patas.

Très belle épreuve avant la lettre.

MORGHEN (R.).

314. La Cène, d'après L. de Vinci.

Superbe épreuve avant la virgule après le mot *vobis* et le point sous la lettre R, la première du nom de l'auteur. Toute marge.

MORIN (J.).

315. Anne d'Autriche, reine Régente de France, d'après Ph. de Champaigne. (R. D. 40. In-fol.)

Très belle épreuve.

316. Guido, Cardinal Bentivoglio, d'après Van Dyck (43). In-fol.

Superbe épreuve.

317. Henri II, roi de France, d'après Janet (59). In-fol.

Superbe épreuve.

318. J. F. Paul de Gondy, coadjuteur de Paris, puis cardinal de Retz, d'après Ph. de Champaigne (54). In-fol.

Très belle épreuve.

319. Amador, Jean-Baptiste de Vignerod, abbé de Richelieu, d'après Ph. de Champaigne (85). In-fol.

Superbe épreuve de 1er état : avant toutes lettres.

320. Augustin de Thou, premier du nom, président au Parlement (77). — Ch. de Thou. — Antoine Vitré, imprimeur (88). Trois portraits in-fol.

Très belles épreuves.

MULLER (J.).

321. L'Archiduc Albert, Gouverneur des Pays-Bas. — L'Infante Isabelle Claire-Eugénie, sa femme. Deux portraits, in-fol., d'après Rubens.

Très belles épreuves.

MULLER (J. G.).

322. Madame Le Brun, d'après elle-même. In-fol.

Superbe et rare épreuve avant toutes lettres. Marge.

MULLER (J.) ET DE LAUNAY (N.).

323. L. Galloche. — Sébastien Leclerc. Deux portraits in-fol., gravés d'après L. Tocqué et Nonotte.

Très belles épreuves avant la lettre.

NANTEUIL (R.).

324. Anne d'Autriche, reine de France; buste fort comme nature. (R. D. 23.)

Très belle épreuve du 1er état : avant le crochet à la suite du millésime : la bordure inférieure est rapportée.

325. Pomponne de Bellièvre, premier président au parlement, d'après Ch. Le Brun (37). In-fol.

Très belle épreuve.

326. J.-B. Colbert, controleur général des finances, d'après Ph. de Champaigne. (71) In-fol.

Superbe épreuve du 1er état : l'année est suivie d'un point seul.

327. Nicolas Fouquet, surintendant des finances (98). In-fol.

Très belle épreuve. Grande marge.

328. Jean Loret, poète (150).

Superbe épreuve du 2e état : il n'y a pas encore de virgule après le mot Loret. Rare.

329. Louis XIV, buste fort comme nature (157).

Très belle et rare épreuve du 1er état : avant toute remarque sur la plate-bande et dans la marge du haut ; la bordure supérieure, à droite, a été rapportée.

330. Le Cardinal Mazarin, ministre d'État (179). In-fol.

Très belle épreuve.

331. Armand-Paul du Plessis, Cardinal, duc de Richelieu, d'après Ph. de Champaigne. (218.) In-fol.

Très belle épreuve du 2e état : avant que la barre, après l'année, soit précédée et suivie d'un trait.

NICOLETO DE MODÈNE.

332. Panneau d'ornements (B. 54).

Superbe épreuve d'un 1er état non décrit : avant les lettres N. O. gravées dans une tablette, au milieu d'en haut. Très rare.

NOLPE (P.).

333. Rupture de la digue d'Amsterdam, d'après W. Schellinckx.

Très belle épreuve.

NORTHCOTE (D'après J.).

334. Petite fruitière, par Gaugain.

Très belle épreuve.

ORLÉANS (A. P. d'), Duc de Montpensier.

335. Portrait de Louis-Philippe, duc d'Orléans (depuis le roi Louis-Philippe). — Mon entrevue avec mon Frère dans la Tour du fort Saint-Jean de Marseille, août 1793.

Deux lithographies excessivement rares, la dernière est signée et datée *A. P. D'O. fecit 1806.*

OSTADE (Ad. Van).

336. Le Gouter. (B. 50.)

Très belle épreuve avant de nombreux travaux, notamment les contre-tailles sur le bonnet et sur le visage de la petite fille, et avant les tailles horizontales sur les rideaux du lit ; dans cet état la bordure est fine. Rognée au trait carré.

337. La Grange (23). — Le Savetier (27). Deux pièces.

Très belles épreuves, la première pièce a la bordure fine, la seconde est avant le prolongement de la vigne.

OUDRY (J. B.).

338. Le chien braque en arrêt, chef-d'œuvre du maître (R. D. 5).

Très belle épreuve du 2e état : avant la lettre, mais la planche est retravaillée et est d'un meilleur effet. Rare.

PATER (Par et d'après).

339. Campement de troupes. — L'âge d'or, deux sujets enfantins, faisant pendants, gravés par La Live de Jully. Ensemble trois pièces.

Très belles épreuves. Rares.

PENTCZ (G.).

340. Titius Manlius faisant trancher la tête à son fils (B. 76).

Très belle épreuve.

PLOOS VAN AMSTEL.

341. Les Musiciens ambulants, d'après A. Van Ostade.

Fac-similé d'un dessin à l'aquarelle.

PITAU (N.).

342. Christine, fille de France, Duchesse de Savoie. In fol.

Très belle épreuve.

343. Marie-Thérèse, reine de France. — Habert de Montmor. — G. O. Stenbock, grand amiral de Suède. Trois portraits in-fol.

Très belles épreuves.

POILLY (F. DE).

344. La Vierge au linge. — La Vierge au berceau. Deux pièces d'après les tableaux de Raphael.

Très belles épreuves, la première pièce est avant les contre-tailles sur le linge que lève la vierge.

POLLAJUOLO (A.).

345. Les gladiateurs (B. 2).

Belle épreuve, doublée et restaurée. Très rare.

PORTRAITS.

346. Michel-Ange. — L'Arétin. — F. Floris. — Tempesta, etc. Dix portraits in-4 gravés par Bonasone, Caraglio, G. Ghisi et autres artistes italiens.

Très belles épreuves.

347. Sainte Begge. — Don Carlos, duc de Villahermosa. — Gorléus. — Spranger et sa femme. — C. Staefvenisse. — David Vlugh. Sept portraits in-fol. par Bary, De Gheyn, Léonart et Sadeler.

Très belles épreuves.

348. Th. Morus. — Comte d'Olivares. — Comte Van den Berghe. — Claude Maugis. — M. Le Blond. — F. Van der Ee. — J. de Heem. — D. Seghers. Huit portraits in-fol. et in-4, gravés par Lievens, Vorsterman. P. Pontius et Matham.

Très belles épreuves.

349. L'archiduc Mathias. — Holbein. — Bloemaert. — Rubens. — Dietterlin. — Spranger. — Quellinus. — M. de Vos. — G. Baur. — J. Polyander. etc. Vingt-deux portraits in-4 et in-fol. gravés par Delft. C. Galle, Matham, Swanenburg et autres maîtres flamands.

350. G. de Lairesse. — Schalken. — Weirotter. — Grassi. — R. Mengs. — Volpato. — Spiegel. — Haid, etc. Quinze portraits in-4 et in-fol. gravés par Schenk. R. Morghen, Schmutzer, Sintzewich et autres artistes.

Très belles épreuves.

351. Paracelse. — J. de Castro. — Gustave-Adolphe. — Faithorne. — Vivares. — Woolett. — Chambers. — Cipriani. — Woorlidge. — Garrik, etc. Dix-sept portraits in-4 et in-8 gravés par Delaram, Cécill, Faithorne, Cardon et autres artistes anglais.

Très belles épreuves.

352. Joseph II. — Marie-Thérèse. — Frédéric-Christian VII. — Frédéric II. — Prince de Ligne. Cinq portraits in-fol. gravés par Schmuzer, Cardon, Clémens et autres artistes.

Très belles épreuves.

353. Philippe II. — Le fils de Rubens. — Adolphe de Vignacourt. — J. Edelheer. — R. Mead. — La famille de Jacques Ier. Neuf portraits gravés par Früytiers, Carmona, De Larmessin et Turner.

Très belles épreuves, plusieurs sont avant la lettre.

354. Henri IV. — Le Duc d'Albe. — Cath. de Bourbon. — Duc de Guise. — F. de Vignacourt. — Le chevalier Marin. — Christine, reine de Suède. — F. de Médicis, etc. Vingt-cinq portraits in-8 par Th. de Leu. Briot, Mallery et autres artistes.

Très belles épreuves.

355. Anne d'Autriche. — Duchesse d'Orléans. — Charles IV de Lorraine. — Mazarin. — Duvergier de Hauranne. — Chancelier de Laubespine. — Jabach. — Quesnel. — M. Lasne. — Dominique. — Cl. Patin. Dix portraits in-4 et in-fol. gravés par Deruet, M. Lasne, Alix, Falck et autres artistes.

Très belles épreuves.

356. Marquis de Marigny. — Audran. — Boucher. — Le Brun. — Mavelot. — Ravenet. — Chereau. — Gravelot. — Lempereur. — De Launay. — L'abbé Coppette. — Legrand. — Delaleu, etc. Vingt portraits in-4 et in-8 gravés par Audran, L. Cars, Prévost, Gaucher et Choffard.

Très belles épreuves.

357. Le Cardinal Mazarin. — Le Cardinal Rospigliosi. — Boutard, évêque d'Évreux. — Étienne Moreau, évêque d'Arras. — G. de Reny d'Arbouze. — F. de Verthamont, maître des requêtes. Six portraits in-fol. gravés par Frosne, Grignon, Coquin et Landry.

Très belles épreuves.

358. Louis XIII. — Louis XIV. — Le Régent. — J. de Souvré. — Duc de Clèves. — Le Chancelier Séguier. Six portraits in-4 et in-8 gravés par G. Huret, Lenfant et de Larmessin.

Très belles épreuves.

359. L. et Bon de Boullongne. — Boucher. — Ant. Coypel. — De La Fosse. — F. Langlois. — Roslin. — Suvée. — J. Stella. — Vleughels. — Madame Lebrun. Onze portraits in-fol. gravés par Carmona, Pesne, Surugue et autres artistes français.

Très belles épreuves.

360. Coysevox. — G. Edelinck. — Léonard. — R. Fremin. — S. Guillain. — Sevin. — Poilly. — B. et E. Picart. — R. de Piles. — Van Cleves. — Visscher. Douze portraits in-fol. gravés par J. Audran, N. Edelinck, Surugue, Roullet et autres artistes français.

Très belles épreuves.

POTTER (P.).

361. Le Vacher (D. 14).

Très belle épreuve du 5e état : avant l'adresse de De Witt.

POUSSIN ? (N.).

362. Son Portrait, il est représenté à mi-corps dans son atelier, et, dirigé vers la gauche, est vu de trois quarts et regarde de face ; ses mains sont sorties de son manteau, de l'une il montre un tableau posé sur un chevalet, de l'autre il s'appuie sur un livre ; au fond, sur les rayons d'une bibliothèque, des livres et une statuette dont on n'aperçoit que les jambes.

Pièce très rare, sinon unique.

POUSSIN (D'après N.).

363. L'enlèvement de la Vérité. — Moïse exposé sur le Nil. — Les Bergers d'Arcadie. — Testament d'Eudamidas. — Le Baptême de saint Jean. — La Femme adultère. — Scènes de la Passion. — Enlèvement de saint Paul. Seize pièces gravées par Pesne, Audran et Stella.

Très belles épreuves.

PRÉVOST (J.).

364. Deux Termes sur une même feuille, d'après Polidore de Caravage (R. D. 4).

Très belle épreuve. Rare.

PRUD'HON (P. P.).

365. Amours de Phrosine et de Mélidor (De G. 4).

Superbe et rare épreuve du 3e état : avant les vers sur la tablette. Marge.

PRUD'HON (D'après P. P.).

366. Le Bain (De G. 126). — La Délivrance d'Anzia (127). — Sylvie et le Satyre (128). Trois pièces gravées par Roger.

Superbes épreuves avant la lettre, seulement, les noms des artistes tracés à la pointe ; sur chine volant de différentes couleurs.

367. Le Zéphir, par Laugier.

Très belle épreuve avant la lettre.

QUELLINUS (Par et d'après).

368. F. de Moura, comte de Castelroderigo, en pied dans une composition architecturale décorée dans le haut des portraits, en médaillons, de Don Christophe et de Don Emmanuel, comte et marquis de Castelroderigo. In-fol.

Très belle épreuve. Rare.

QUEBOREN (C. Van).

369. Les Héros de la famille de Nassau ; d'après Van de Venne.

Très belle épreuve.

RABEL (J.).

370. Antoine de Bourbon, roi de Navarre (R. D. 38). — Marguerite de Valois, reine de Navarre (68). Deux portraits in-8.

Très belles épreuves.

RAFFET (A.).

371. La Revue nocturne (G. 429).

Très belle épreuve.

RAIMONDI (Marc-Antoine).

372. Le Massacre des Innocents, d'après Raphael (B. 20).

Très belle épreuve. Taches d'humidité.

373. La Vierge aux bras nus (34). — Saint Paul prêchant (44). — Les Cinq Saints (113). — Galathée (350). Quatre pièces, d'après Raphael.

Belles épreuves.

374. Trajan entre la ville de Rome et la Victoire (361).

Très belle épreuve, légèrement rognée dans la partie inférieure.

375. Le Pape Léon X (493).

Très belle épreuve. Doublée.

376. Pie III (Pas. P. 45. N° 297).

Très belle épreuve d'une pièce très rare, non décrite par Bartsch, que Passavant croit ne pas être du maître, mais avoir été seulement gravée sous sa direction.

377. Pierre Arétin (513).

Bonne épreuve, l'inscription dans la marge inférieure manque.

RAIMONDI (Par et d'après).

378. Le Sacrifice de Noé. — Iphigénie. — La Philosophie. — La Présentation au Temple. — La Vierge à la longue cuisse. — La Force. — Une Bataille. — Les Squelettes. — Homme portant la base d'une colonne. — Portrait de Raphael, etc. Douze pièces.

Belles épreuves.

REGNESSON (N.).

379. Anne-Geneviève de Bourbon-Condé, duchesse de Longueville, d'après Chauveau. In-8.

Très belle épreuve.

REGNESSON ET ROUSSELET.

380. Honoré Barenton. — Le Cardinal Le Camus. — Pierre Gargant. Trois portraits in-8 et in-fol.

Très belles épreuves, la première pièce est avant la lettre.

REMBRANDT VAN RYN.

381. Rembrandt avec une écharpe autour du cou (B. 17. D. 17).

Très belle épreuve. Petite marge.

382. Rembrandt et sa femme (B. 19. D. 19).

Très belle épreuve.

383. Rembrandt appuyé (B. 21. D. 21).

Très belle épreuve, elle est piquée d'humidité et a un trou, à droite, à la hauteur de la pierre d'appui.

384. L'Annonciation aux Bergers (B. 44. D. 49).

Très belle épreuve avec le paysage et les arches du pont très distincts; elle est rognée de 5 millimètres en haut et de chaque côté.

385. La Grande Descente de Croix (B. 81. D. 88).

Très belle épreuve avec l'adresse de H. Ylenburgensis. Taches d'humidité.

386. Le Paysage aux trois arbres (B. 212. D. 209).

Superbe épreuve, elle est doublée et une déchirure partant à environ douze centimètres de l'angle gauche inférieur va rejoindre l'angle du haut de ce même côté.

387. La Chaumière et la Grange à foin (B. 225. D. 222).

Très belle epreuve.

388. Homme sous une treille (B. 257. D. 273).

Belle épreuve.

389. Lutma (B. 276. D. 265).

Très belle épreuve du 2e état : avant les tailles circulaires qui accusent complètement le cintre de la fenêtre. Signée au verso : P. Mariette 1668.

390. Homme en bonnet (B. 289. D. 286).

Très belle épreuve.

391. Vieille femme assise (B. 343. D. 332).

Très belle épreuve. Petite marge.

REMBRANDT VAN RYN (D'après).

392. Portrait d'un Bourguemestre. — Portrait d'une vieille femme lisant dans un livre qu'elle tient sur ses genoux. Deux pièces faisant pendant gravées, à la manière noire, par Houston.

Superbes et rares épreuves avant toutes lettres.

393. Portrait de la mère de Rembrandt tenant un livre sur ses genoux. Pièce gravée à la manière noire.

Superbe et très rare épreuve avant toutes lettres.

394. Vieille femme plumant un coq. — La femme de Rembrandt en fiancée juive. Deux pièces gravées, à la manière noire, par Houston et Pether.

Très belles épreuves.

REYNOLDS (D'après Sir Joshua).

395. *Lady Spencer*, par Bartolozzi.

Superbe épreuve avant la lettre, tirée en bistre : elle a une grande marge et est très fraiche. Très rare de cette qualité.

396. Angelica Kauffman, par Bartolozzi. In-fol. ovale.

Très belle épreuve. Grande marge.

397. Bartolozzi, par R. Marcuard. Petit in-fol. ovale.

Superbe épreuve imprimée en bistre. Sans marge.

398. *His Grace the Duke of Portland*, par J. Murphy. In-fol.

Très belle épreuve.

RIBERA (J.).

399. Saint Jérôme (B. 4). 10 Rafilly

Très belle et rare épreuve d'un état non décrit : avant les chiffres 9. a, à la droite d'en bas.

400. Saint Jérôme lisant (3). — Saint Barthélemy (6). — Le Poète (10). Trois pièces. 22 D pour Tous

Très belles épreuves.

ROBETTA.

401. L'Adoration des Rois (B. 6). 9 Rafilly

Belle épreuve.

402. Apollon et Marsyas (19). 100 Grandi

Très belle épreuve du 2e état : avec l'addition des nuages dans le ciel, lequel est complètement blanc dans le premier état non décrit, elle est légèrement rognée en bas, le pli du milieu a formé déchirure et elle a quelques retouches au pinceau. Excessivement rare.

ROTA (M.).

403. Ferdinand Ier, empereur. — Maximilien II, empereur. Deux portraits in-4 (B. 68 et 83). 15 Rafilly

Très belles épreuves. Marges.

ROULLET (J.-L.).

404. J.-Louis, marquis de Béringhen, écuyer du Roi, d'après P. Mignard. In-fol. 11 D

Très belle épreuve.

RUBENS (D'après P.-P.).

405. Rubens, sa femme et son enfant gravé, à la manière noire, par M. Ardell. 29

Très belle épreuve.

406. Rubens à l'âge de trente ans, par P. Pontius (D. *18 des portraits*). In-fol. 60 Keffel

Très belle épreuve.

407. La femme de Rubens et son fils. — Le fils de Rubens. Deux pièces gravées par Schmutzer et Carmona. 18 D

Très belles et rares épreuves avant la lettre.

408. **Repos en Égypte, pièce gravée sur bois par Ch. de Jegher.**

Très belle épreuve gravée en clair obscur. Rare.

409. **Jésus en croix entre les deux larrons, par B. a Bolswert (87 *des sujets du Nouveau Testament*).**

410. **La Grande descente de croix, par L. Vorsterman (99 *du Nouveau Testament*).**

Très belle épreuve du 1er état : avant l'adresse de C. Van Merlen. Rare.

411. **La Conversion de Saint Paul. — La Chasse aux lions. Deux pièces gravées par L. Vorsterman.**

Très belles épreuves. Tachées.

412. **Thomiris, reine des Scythes, regardant la tête de Cyrus que l'on va plonger dans un baquet rempli de sang humain, par P. Pontius (22, *Histoire*).**

Très belle épreuve du 2e état : avant toute adresse. Marge.

413. **La résurrection de Lazare. — Jésus apparaissant aux Apôtres. — Les Pères de l'Eglise. — Sainte Cécile. — Sainte Barbe. — La Femme à la chandelle. Six pièces gravées par B. et Shelte a Bolswert, Swanenburg et Witdoeck.**

Très belles épreuves.

414. **Sénacherib épouvanté. — Daniel dans la fosse aux lions. — Sainte Famille. — Saint Roch. — Les trois Grâces. — Enlèvement d'Hypodamie. — Bacchanale. — Portrait de l'archiduc Ferdinand. Huit pièces gravées par Bolswert, de Leuw, P. Pontius et autres artistes.**

Très belles épreuves.

RUYSDAEL (J.).

415. **Le Champ de blé (B. 5).**

Belle épreuve.

SAINT-AUBIN (G.).

416. **Le Charlatan (De B. 15).**

Superbe et rare épreuve du 1er état : avant de nombreux travaux dans toute l'estampe et avant la seconde grille montant jusqu'au haut du piédestal.

417. **L'académie particulière (23).**

Très belle épreuve. Très rare.

SAINT-AUBIN (A. DE).

418. Fortunée d'Este, princesse de Conti. — Madame, duchesse d'Angoulême (E. B. 54 et 157). Deux pièces in-8. 25 D. pour W. Ch.

Très belles épreuves, la seconde pièce est avant la date de la naissance de la Princesse sur la bordure du médaillon.

419. Ange Laurent de la Live, introducteur des ambassadeurs, d'après Greuze (332). In-fol. 260 D. pour Bar.

Très belle épreuve d'une estampe fort rare, bien certainement de Saint-Aubin, quoiqu'elle soit signée La Live.

420. Buffon. — Caron de Beaumarchais. — Gessner. — Ch. de Heinecken. — J. M. Pierre. — Pankouke. — Walpole. — Inauguration de la statue de Louis XV. Huit pièces. 14 Defaux

Très belles épreuves.

SAINT-AUBIN (D'après A. DE).

2.950 frs 421. Le Bal paré, par Duclos (E. B. 402). 2950 Danlos pour Fenaille

Magnifique épreuve avant toutes lettres, avant l'encadrement et avant quelques légers travaux; elle est de la plus grande fraîcheur et a presque toute sa marge. De la plus grande rareté de cet état et de cette qualité.

422. Le Concert, par Duclos (403). 230 D. pour Dun.

Très belle épreuve.

SAMBIN (H.).

423. Deux Termes et deux chapiteaux sur une même feuille. Pièce, non décrite, signée du monogramme et datée 1554. 6

Très belle épreuve. Rare.

SAVART (P.).

424. J.-B. Bossuet, évêque de Meaux (F. 6). 11

Très belle épreuve avant les noms des artistes.

SCHONGAUER (M.).

425. L'adoration des Rois (B. 6). 45

Bonne épreuve.

426. Le portement de Croix (21). 235 Grandi

Bonne épreuve, un petit trou en haut, à gauche.

427. Saint Étienne (49).

Belle épreuve, elle est rognée, à gauche et à droite, d'un centimètre environ.

428. Dieu couronnant la Sainte Vierge (72).

Belle épreuve. Doublée et restaurée.

429. Le Christ debout, au milieu de six anges (B. app. 6. Pass. 1).

Belle épreuve d'une estampe attribuée par Passavent au maître Ghérardo de Florence : legèrement restaurée.

SCHUPPEN (P. VAN).

430. Louis XIV, jeune, d'après C. Le Febure. In-48.

Superbe épreuve avant la lettre et avant quelques légers travaux. Très rare.

431. Mlle Jne Baptiste de Savoye, Duchesse de Savoye, d'après Beaubrun. In-fol.

Très belle épreuve.

432. Ane Marie Louise d'Orléans (La Grande Mademoiselle), d'après De Seve. In-fol.

Très belle épreuve. Sans marge.

433. Antoine, seigneur de Noailles, ambassadeur en Angleterre. In-4.

Superbe epreuve, grande marge. Rare.

434. M. Le Tellier. — Mme Deshoulières. — E. Lesueur. Trois portraits in-8 et in-fol.

Très belles épreuves.

SHARP (W.).

435. Charles Ier, roi de la Grande-Bretagne vu de face, de trois quarts et de profil sur la même planche, d'après A. Van Dyck.

Très belle épreuve avant la lettre (lettres tracées).

436. Sainte Cécile, d'après le tableau du Dominiquin.

Très belle épreuve lettres grises. Toute marge.

SMITH (J.).

437. Anne. — Marie, reines d'Angleterre et d'Écosse. Deux portraits in-fol. gravés, à la manière noire, d'après Kneller.

Superbes épreuves.

438. Isaac Newton gravé, à la manière noire, d'après G. Kneller. In-fol.

Superbe épreuve.

439. J. Smith. — A. Hondius. — G. Kneller. — P. Lely. — J. Locke. — G. Shalken. Six portraits in-fol. gravés à la manière noire.

Superbes épreuves.

SMITH (D'après J. R.).

440. *The Moralist*, par W. Nutter.

Superbe épreuve imprimée en couleur.

SOLIS (V.).

441. Deux des petits vases. — Ornements. Trois pièces.

Très belles épreuves.

SPIERRE (F.).

442. La Vierge tenant l'enfant Jésus qui quitte le sein de sa mère pour prendre des raisins que lui offre saint Jean, d'après le tableau du Corrège.

Très belle épreuve.

STAR (D. VAN).

443. Jésus et la Samaritaine (B. 6).

Belle épreuve. Collection W. Esdaile.

STELLA (J.).

444. Cérémonie de la présentation des tributs au Grand-Duc de Toscane (R. D. 4.).

Très belle épreuve avec l'adresse de Mariette.

STRANGE (R.).

445. Les enfants de Charles Ier, d'après Van Dyck.

Superbe épreuve. Taches d'humidité.

446. Vénus. — Danaé. Deux pièces, faisant pendants, gravées d'après le Titien.

Très belles épreuves. Toutes marges.

SUIDERHOEF (J.).

447. Les Quatre Bourguemestres d'Amsterdam attendant l'arrivée de la Reine Marie de Médicis, d'après T. D. Keyser (W. 102).

Très belles épreuves.

448. L'Assemblée des Plénipotentiaires ratifiant le traité de paix de Munster, d'après Terburg (103).

Très belle épreuve.

449. Descartes. — H. de Keyser. — Swalmius. Trois portraits in-4 et in-fol.

Belles épreuves.

SWEERTS (M.).

450. Le Fumeur (B. 2). — Portrait de M. Sweerts (3). Deux pièces.

Très belles épreuves, la première pièce est d'un 1er état non décrit : avant toutes lettres.

TARDIEU (H.-N.).

451. J. B. Oudry, peintre du Roy, d'après N. de Largillière 1729. In-fol.

Très belle épreuve.

TENIERS (D.).

452. Fête flamande (D. 1).

Très belle et rare épreuve du 1er état : avant de nombreux travaux, notamment les lignes horizontales sur le ciel, elle est tirée sur papier à la folie.

453. Fête Flamande. — La Cuisine. — Le Boucher. Trois pièces.

Belles épreuves.

TENIERS (D'après D.).

454. David Teniers et sa famille. — La Tentation de Saint Antoine. — Les Pêcheurs Flamands. — Les Joueurs de cartes. — La Boudinière. — Les francs-maçons en loge. — La Basse-cour. — La Ferme. — Guinguette flamande. — Le Jeu de boules, etc. Vingt-sept pièces gravées par C. Boel, Lebas, Lépicié, Surugue et autres artistes, d'après les meilleurs tableaux du maître.

Anciennes et très belles épreuves, deux sont avant la lettre.

TOSCHI (P.).

455. La Descente de croix, d'après D. de Volterre.

Très belle épreuve d'essai, non terminée : sur chine.

TROUVAIN (A.).

456. Louis XIV jouant au billard en compagnie de Monsieur, M. le duc de Chartres, M. le comte de Toulouse, M. le duc de Vendôme, M. d'Armagnac et M. de Chamillart (3e chambre des appartements).

Très belle épreuve.

457. Jean Pesne, célèbre graveur. In-fol.

Superbe épreuve avant la lettre. Très rare.

458. Le Père La Chaise. — Denise Camusot, femme de M. Le Petit, libraire. Deux portraits in-8 et in-4.

Très belles épreuves.

ULIET (Van).

459. Saint Jérôme (B. 13). — Les Joueurs de cartes (51).

Très belles épreuves.

VALCK (G.).

460. H. Mancini, duchesse de Mazarin, d'après P. Lely. In-fol.

Très belle épreuve. Marge.

VALLÉE (S.).

461. Portrait de F. de Troy, peintre, d'après lui-même. In-fol.

Très belle et rare épreuve avant toutes lettres. Sans marges.

VAILLANT (W.).

462. Son Portrait. — G. Netscher. Deux portraits in-fol., gravés à la manière noire.

Très belles épreuves.

VELDE (AD. VAN DE).

463. Différents animaux. Suite de dix pièces (B. 1 à 10).

Très belles épreuves du second état : avec l'adresse de J. Danckers sur le premier morceau, elles sont tirées sur papier à la folie, moins trois pièces, les n°s 4, 5 et 10 de la suite.

464. Différents animaux (11 à 15). Suite de cinq pièces dont nous ne possédons que quatre. Manque le n° 5.

Belles épreuves.

VÉNITIEN (A.).

465. Les deux armées en ordre de bataille (B. 415).

Très belle épreuve d'une copie gravée en contre-partie de l'estampe du maître à la Ratière.

VÉNITIEN (?) (A.).

466. Moitié de panneau d'ornement.

Très belle épreuve.

VERMEULEN (C.).

467. P. Mignard, peintre du Roi, d'après lui-même. In-fol.

Très belle épreuve.

VERTUE (G.).

468. Henri VIII et la reine Élisabeth debouts de chaque côté d'un cartouche. — Procession de la reine Élisabeth accompagnée des personnages de sa cour. Deux pièces gravées d'après Holbein et d'après un tableau du temps.

Très belles épreuves.

E. VICO ET N. DE LA CASA.

469. Jean de Médicis. — Charles V. Deux portraits dont un gravé sur bois. Ensemble trois portraits in-fol.

Très belles épreuves.

VISSCHER (C.).

470. G. de Bouma. In-fol. (D. 89).

Très belle et rare épreuve du 3e état : avant que l'année 1656 ait été enlevée.

VISSCHER (J.).

471. P. Proélius, pasteur, d'après Van Noort. In-fol.

Très belle épreuve.

VLIEGER (S. DE).

472. L'Auberge (B. 8).

Superbe épreuve tirée sur papier à la folie.

VOLPATO ET R. MORGHEN.

473. L'École d'Athènes. — La Jurisprudence. Deux pièces, d'après Raphaël.

Très belles épreuves, la première pièce est avant la lettre.

VOUILLEMONT (S.).

474. J. A. De Thou, président au Parlement de Paris, d'après Du Monstier (R. D. 65). In-fol.

Superbe épreuve du 1er état : avant toutes lettres. Grande marge.

WATERLOO (A.).

475. Le Départ d'Agar (D. 131).

Très belle épreuve tirée sur papier à la folie.

WATSON (C.).

476. Catherine II, Impératrice de Russie, d'après Roslin. In-fol.

Très belle épreuve.

WATSON (J.).

477. Rubens et sa famille gravé, à la manière noire, d'après Jordaens.

Très belle épreuve.

WATTEAU (A.).

478. L'homme accoudé. — Le promeneur vu de face. — L'homme appuyé. Trois pièces de la suite des figures de modes (R. D. 1, 2 et 3).

Superbes et très rares épreuves d'un deuxième état, non décrit, suivant immédiatement les eaux-fortes pures : elles sont terminées au burin et ont le trait carré, mais n'ont encore aucune inscription dans la marge.

479. La troupe Italienne (8).

Épreuve avant toutes à lettres, l'état d'eau-forte pure. De la plus grande rareté : la seule épreuve, connue jusqu'à ce jour, appartenait à M. de Goncourt qui la considérait comme la pièce la plus précieuse de sa collection.

480. Watteau peignant, et son ami Monsieur de Julienne jouant du violoncelle dans un parc (14).

Très belle épreuve d'une eau-forte des plus remarquables et des plus précieuses que nous croyons être bien certainement de Watteau. Pièce, non décrite, dont c'est la seule épreuve connue jusqu'à ce jour.

481. La même composition gravée, en contre-partie, par Tardieu.

Très belle épreuve.

WATTEAU (D'après Ant.).

482. Louis XIV, mettant le cordon bleu à Monsieur de Bourgogne, par N. de Larmessin.

Très belle épreuve.

483. La Danse paysanne, par B. Audran.

Très belle épreuve. Marge.

484. La leçon d'amour, par C. Dupuis.

Très belle épreuve avant l'adresse de la veuve Chereau.

485. La perspective. — La troupe italienne. — Deux pièces par Crepy et Simoneau l'aîné.

Très belles épreuves, la première pièce est sans marge.

WECHTLIN (J.) dit Pilgrim.

486. Un cavalier armé de toutes pièces. Clair-obscur (B. 10).

Très belle épreuve, elle est doublée, est rognée de deux millimètres de chaque côté et a une déchirure en haut, à droite, entamant l'estampe d'environ huit centimètres. Très rare.

WIERRIX (Les).

487. H. de Balzac d'Entragues, marquise de Verneuil (Al. 1860). In-fol. 140 D pour Bour.

Très belle épreuve.

488. Henri III, roi de France (1918). In-fol. 120 D pour Bour.

Très belle épreuve.

489. Le même Personnage (1919). In-18. 20 D

Très belle épreuve.

490. Marie de Médicis, reine de France (1979). In-4. 30

Très belle épreuve du 1er état : avant les tailles croisées sur la signature. Rare.

WILLE (J. G.).

491. L'instruction paternelle, d'après Terburg. 62 Keffel

Superbe épreuve.

492. La tricoteuse hollandaise, d'après F. Mieris. 20 Danlos pour B.

Très belle épreuve.

ZAGEL (M.).

493. Le grand bal (B. 13). 60 D pour Leg.

Belle épreuve. Doublée et restaurée.

494. Le mari subjugué par sa femme (B. 18). 45 Gosselin

Belle épreuve. Doublée.

ZEEMAN (R.).

495. Les portes de la ville d'Amsterdam. Suite de huit pièces (D. 119-126). 28 D

Très belles épreuves tirées sur papier à la folie et à l'écu couronné à la grande fleur de lys ; le numéro 8 de la suite est d'un tout 1er état non décrit : il est avant toute adresse.

ZOAN ANDRÉA VAVASSORI.

95 Gosselin 496. Judith (B. 1).

Très belle épreuve, elle est doublée, a quelques légères restaurations et les angles du bas, à droite et à gauche, manquent. Excessivement rare.

497. La Sépulture (3). Copie, en contre-partie de l'estampe de Mantegna.

Belle épreuve, doublée et restaurée.

Paris. — Typ. Chamerot et Renouard, 19, rue des Saints-Pères. — 40811.

www.ingramcontent.com/pod-product-compliance
Ingram Content Group UK Ltd.
Pitfield, Milton Keynes, MK11 3LW, UK
UKHW021314190726
13839UKWH00007B/1346